Lernlandkarte Deutsch
4. bis 6. Schuljahr

Lesen | Schreiben | Hören und Sprechen | Sprache erforschen

Ort und Datum

Anschrift

Im 1. bis 3. Schuljahr hast du mit Buchstaben, Wörtern und Sätzen viel gelernt.

Die Kompetenzbeschreibungen in dieser Lernlandkarte «Deutsch» zeigen dir, was du im 4. bis 6. Schuljahr dazulernen kannst.

Gemeinsam markieren wir ab und zu deine Lernfortschritte in den Kompetenzbeschreibungen.

Auf die vielen leeren Seiten klebst du Lerndokumente.

In die Landkarten kannst du deine Lernspuren schreiben, kleben und zeichnen.

Deine Lernlandkarte wird vom 4. bis 6. Schuljahr immer vielfältiger.

Unterschrift

Informationen für Eltern:
Am Schluss dieses Hefts beschreiben wir, warum und wie wir mit der Lernlandkarte «Deutsch» arbeiten.

So sehe ich am Anfang des 4. Schuljahres aus

So sehe ich vor dem Übertritt in das 7. Schuljahr aus

Buchstabenspuren am Anfang des 4. Schuljahres

Buchstabenspuren vor dem Übertritt in das 7. Schuljahr

LESEN 4. bis 6. Schuljahr

Ich lese flüssig.

| Viele Wörter muss ich gar nicht richtig lesen, die erkenne ich auf einen Blick. | Ich lese Wortgruppen an einem Stück. In kurzen Sätzen überblicke ich dabei den ganzen Satz. | Das stille Lesen macht mir keine Mühe. Ich lese recht schnell und fehlerfrei. | Je nach Leseziel lese ich einen Text anders, z. B. Erzählung zum Geniessen, Recherche im Internet, Lernen mit Sachtext. |

Ich lese so vor, dass andere mir gern zuhören.

| Ich lese Texte fehlerfrei und flüssig vor, wenn ich geübt habe. | Ich lese Texte flüssig vor, ohne dass ich geübt habe. Ich merke Lesefehler und verbessere sie. | Ich lese Texte fehlerfrei und flüssig vor, ohne dass ich geübt habe. |

| Ich lese mit einer angemessenen Lautstärke vor. | Ich lese in angepasstem Tempo vor. | Ich lese mit sinnvollen Pausen vor und betone richtig. | Ich halte beim Vorlesen Kontakt mit den Zuhörenden. |

Ich verstehe den Inhalt von Texten.

	Wenn ich etwas nicht verstehe, merke ich es.	Wenn ich etwas nicht verstehe, frage ich jemanden, z. B. meine Lehrerin, meinen Lehrer, ein anderes Kind.	Wenn ich etwas nicht verstehe, weiss ich selbst, was ich tun kann, z. B. im Lexikon nachschlagen, «Experten» fragen, im Internet nachschauen.

	Ich erkenne mithilfe von Fragen das Wichtigste eines Textes.	Ich erkenne nach dem Lesen das Wichtigste eines Textes.	Je nach Art eines Textes kann ich ihn auf verschiedene Weise zusammenfassen, z. B. W-Fragen, Tabelle, Mindmap.

Lesen gehört zu meinem Alltag.

	Ich schaue gerne Bücher an.	Ich lese gerne.	Ich lese daheim fast jeden Tag.	Ich beschaffe mir selbstständig Lesestoff, z. B. in der Bibliothek, im Buchladen.	Ich rede gern über das, was ich gelesen habe.

Im ersten Halbjahr

Im zweiten Halbjahr

Im dritten Halbjahr

SCHREIBEN 4. bis 6. Schuljahr

Ich schreibe in einer persönlichen Handschrift leserlich und geläufig.

	Beim längeren Schreiben setze ich mich bewusst hin und halte den Stift so, dass ich die Finger beugen und strecken kann.	Ich schreibe mit einer persönlichen Handschrift leserlich und geläufig.	Wenn ich für andere schreibe, stelle ich meine Texte ansprechend und übersichtlich dar.	Ich kann mit verschiedenen Schreibgeräten schreiben und mit Schriften gestalten.	Ich kann die Schrift sinnvoll zum Gestalten einsetzen, z. B. Überschriften, Tabellen.

Ich beachte gelernte Rechtschreibregeln und weiss mir bei Schwierigkeiten zu helfen.

Regeln	Anwendung in Übungen	Anwendung in Überarbeitungen	Spontane Anwendung

	Ich erkenne in Wörtern den Wortstamm.	Ich kann Wörter in gedruckten und elektronischen Wörterbüchern nachschlagen.

Ich plane und überarbeite meine Texte.

	Wenn ich angeleitet werde, weiss ich, wie ich eine Idee finden und weiterentwickeln kann, z. B. mit W-Fragen, inneren Bildern, Clustern.	Ich weiss, wie ich Ideen finden und weiterentwickeln kann.	Ich nutze Informationsquellen, z. B. Lexika, Internet, Zeitschriften und kann Wichtiges festhalten.	Wenn ich angeleitet werde, kann ich das Schreiben planen, z. B. mit Stichworten, Mindmap, nummerierter Abfolge.	Ich plane mein Schreiben selbstständig, z. B. mit Stichworten, Mindmap, nummerierter Abfolge.	Mithilfe von Kriterien kann ich allein und mit andern Texte am Bildschirm oder auf Papier selbstständig überarbeiten.

Ich schreibe unterschiedliche Texte und beachte dabei ihre Merkmale. (Schreibprodukte)

	Wenn es passt, kann ich in meinen Texten die direkte Rede anwenden.	Ich schreibe Texte aus einer bestimmten Perspektive, z. B. aus der Sicht einer Figur oder eines Beobachters.	Ich denke beim Schreiben an die Lesenden, z. B. Kinder, Schulleiter, Amtsstelle.	Ich kann Texte nach Strukturvorgaben schreiben. Anleitung ____ Gedicht ____ Brief ____ Bericht ____ ____

Im zweiten Halbjahr

Im dritten Halbjahr

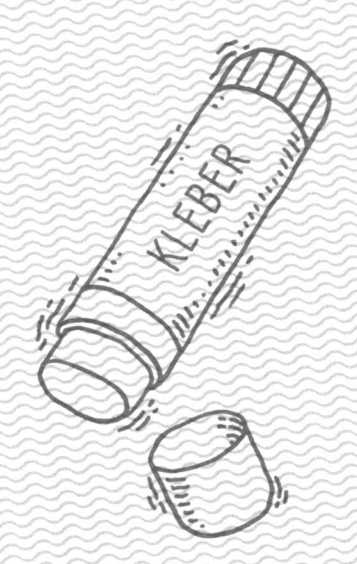

Im vierten Halbjahr

Im fünften Halbjahr

Im sechsten Halbjahr

HÖREN UND SPRECHEN 4. bis 6. Schuljahr

Ich höre genau und konzentriert zu.

| | Ich habe beim Zuhören grosse Ausdauer. | Ich achte auf den Tonfall und deute ihn. | Ich beachte, was jemand mit den Händen, dem Gesicht und dem Körper sagt und kann diese Zeichen deuten. | Ich kann ein Hörziel beachten, Unwichtiges ausblenden und das Wichtige heraushören. |

Ich spreche in der Standardsprache verständlich und treffend.

| | Ich kann mich in vertrauten Situationen und bei bekannten Themen in der Standardsprache ausdrücken. | Ich kann mich in anspruchsvollen Situationen und bei schwierigen Themen in der Standardsprache ausdrücken. | Ich verwende passende und präzise Ausdrücke. |

Ich verstehe, was mir jemand erzählt oder erklärt.

| | Ich verstehe anspruchsvolle mündliche Aufträge und kann sie ausführen. | Ich verstehe von Hörtexten das Wichtigste und auch das, was nicht ausdrücklich gesagt wird, z. B. Vortrag, Hörspiel, Film, Theater. | Wenn ich angeleitet werde, kann ich mich vor dem Zuhören auf den Inhalt einstimmen, z. B. Vorwissen, innere Bilder, Fragen. | Wenn ich nicht alles genau verstehe, versuche ich trotzdem, dem «roten Faden» zu folgen. |

30

Ich rede und präsentiere so, dass andere den Inhalt verstehen.

| Ich kann Ergebnisse aus einer Einzel- oder Gruppenarbeit der Klasse unvorbereitet präsentieren. | Wenn ich mich vorbereite, kann ich vor der Klasse einen Vortrag halten oder einen Bericht präsentieren. | Ich kann vor Publikum ein Gedicht, eine Geschichte oder einen kurzen Text so vortragen, dass man mir gern zuhört. |

Ich verstehe, was andere mir im Gespräch sagen wollen.

| Ich zeige auch in längeren Gesprächen mein Interesse und versuche zu verstehen, was die andern meinen. | Wenn jemand etwas sagt, zeige ich mein Interesse, z. B. Blickkontakt, Gesichtsausdruck, Körperhaltung, Nachfragen. | Ich halte mich beim Zuhören an die wichtigsten Gesprächsregeln, z. B. ausreden lassen, rückmelden, was ich verstanden habe, Gesprächsbeiträge aufschieben. |

Ich kann ein Gespräch konstruktiv führen.

| Ich kann ein Gespräch vorbereiten und erfolgreich durchführen, z. B. Telefongespräch, Interview. | Ich kann ein Gespräch in Gang setzen und leiten, z. B. Gruppenarbeit, Klassenrat, Diskussion. | Ich bringe meine Gedanken und Meinungen ein und argumentiere klar. | Im Austausch mit andern kann ich neue Gedanken entwickeln und Lösungen finden. | Ich spreche mit andern so, dass ich niemanden verletze. |

KLEBER

Im ersten Halbjahr

Im zweiten Halbjahr

Im dritten Halbjahr

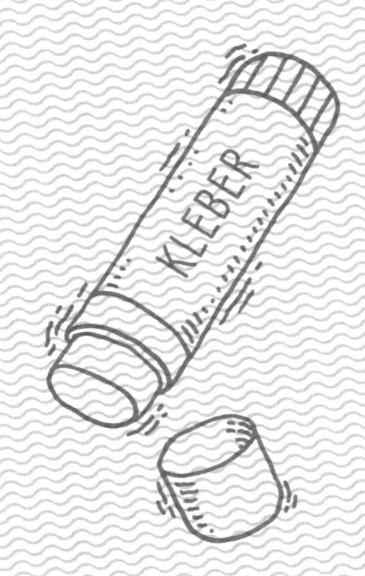

KLEBER

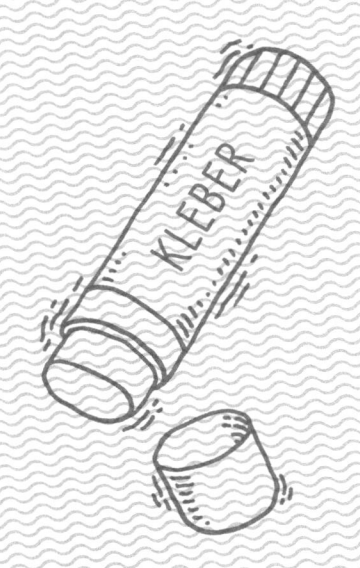

Im vierten Halbjahr

Im fünften Halbjahr

Im sechsten Halbjahr

SPRACHE ERFORSCHEN   4. bis 6. Schuljahr

Ich kann Wörter untersuchen und verändern.

Ich kann mit Wörtern und Sätzen spielerisch umgehen, z. B. Wörter tauschen, Wörter erfinden, Sprachspiele.	

Ich kann Wörter in einzelne Morpheme zerlegen.	

Ich kann Wortfamilien bilden, z. B. Hausdach, Hausflur, Bienenhaus.	

Ich kann die meisten Verben richtig konjugieren.	

Ich erkenne, in welcher Zeitform etwas geschrieben ist.
Präsens
Präteritum
Perfekt
Futur 1
Plusquamperfekt

Ich erkenne die folgenden Wortarten:
Nomen
Verb
Adjektiv
Pronomen mit Tabelle
Partikel

Ich weiss, dass es verschiedene Fälle gibt.

Ich kann Sätze mit Proben untersuchen.

Proben	mit Anleitung	selbstständig
Verschiebeprobe		
Ersatzprobe		
Erweiterungsprobe		
Weglassprobe		

Ich denke über Sprachen nach.

	Ich kann zwei Sprachen vergleichen und Besonderheiten erkennen, z. B. die Sprachen der Kinder in der Klasse.	Ich weiss, dass Mundart und Standardsprache unterschiedlich wirken. Darum setze ich sie bewusst ein.	Ich kann die unterschiedlichen Funktionen von Medien (z. B. Radio, Zeitung, SMS, Chat, Film) unterscheiden und erkenne deren sprachlichen Besonderheiten.	Ich kann unter Anleitung Gesetzmässigkeiten und gewisse Regeln der Sprache entdecken, z. B. Füllwörter erkennen, Rechtschreibregeln, Regeln in andern Sprachen.

KLEBER

Im ersten Halbjahr

Im zweiten Halbjahr

KLEBER

Im vierten Halbjahr

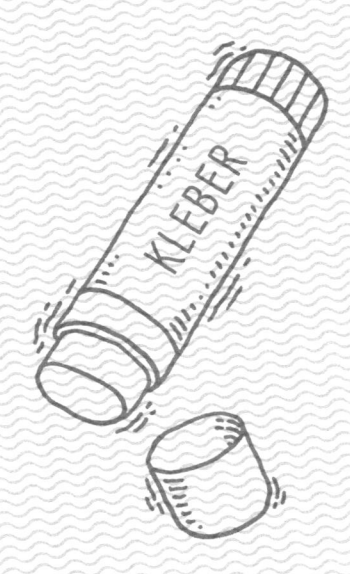

Im sechsten Halbjahr

Information für Eltern/Erziehungsberechtigte

Kinder sind verschieden. Gleichaltrige Kinder können sich in ihrem Entwicklungsstand um mehrere Jahre unterscheiden. Vielfalt gibt es auch in jedem einzelnen Kind. Es ist zum Beispiel möglich, dass ein Kind in der sprachlichen Entwicklung weiter fortgeschritten ist als in der Entwicklung des logischen Denkens oder umgekehrt. Im Unterricht orientieren wir uns darum am Entwicklungs- und Lernstand der einzelnen Kinder. Wir orientieren uns auch an den Anforderungen des Lehrplans. Der Lehrplan gibt vor, welche Kompetenzen vom vierten bis sechsten Schuljahr im Zentrum stehen sollen.

Lernlandkarten schlagen eine Brücke zwischen dem Entwicklungs- und Lernstand der Schülerinnen und Schüler und den Anforderungen des Lehrplans.

Kinder lernen gern miteinander und voneinander. In unserer Mehrjahrgangsklasse lernen die Schülerinnen und Schüler altersdurchmischt. Wir arbeiten oft mit allen an der gleichen Kompetenz, z. B. an der Kompetenz «Ich erkenne beim Lesen Wichtiges». Da sind alle gefordert: Die einen erkennen das Wichtigste eines Textes mithilfe von Fragen, andere brauchen dazu keine Fragen, und wieder andere können den Inhalt eines Textes selbstständig zusammenfassen. Alle können von ihrem Lernstand aus die nächste Teilkompetenz anstreben.

Die Schülerinnen und Schüler lernen in der Gemeinschaft miteinander und voneinander nach ihren Möglichkeiten und nach den Vorgaben des Lehrplans.

Für den Lernerfolg und das Wohlbefinden der Schülerinnen und Schüler ist es wichtig, dass sie ihre Lernfortschritte wahrnehmen und sich darüber freuen können. Wir Lehrpersonen brauchen eine Übersicht über die Lernentwicklung der Schülerinnen und Schüler.

Die Eltern bekommen einen Einblick in den Lernprozess und den Lernstand ihres Kindes.

Lernlandkarten sind für Lehrpersonen, Schülerinnen und Schüler und Eltern eine Orientierungshilfe und ein Mittel, um miteinander über das Lernen und die Lernfortschritte zu reden.

Diese Lernlandkarte «Deutsch» für das vierte bis sechste Schuljahr ist in vier Sprachbereiche gegliedert: 1. Lesen, 2. Schreiben, 3. Hören und Sprechen, 4. Sprache erforschen. Jeder Sprachbereich zeigt in diesem Heft vom Lehrplan abgeleitete Kompetenzbeschreibungen sowie eine Landkarte und Lerndokumente.

Die Schülerinnen und Schüler gestalten und füllen die Landkarten im Laufe des vierten bis sechsten Schuljahres unter unserer Anleitung mit ihren Lernspuren. In die Kompetenzbeschreibungen tragen wir mit ihnen zusammen periodisch ihre Lernfortschritte ein.
Auf die vielen leeren Seiten kleben die Schülerinnen und Schüler etwa halbjährlich ihre Lerndokumente. Sie zeigen exemplarisch, was die Schülerin oder der Schüler zu diesem Zeitpunkt kann.

Lehrpersonen und Eltern helfen den Schülerinnen und Schülern beim Lernen, wenn wir davon ausgehen, dass sie lernen wollen, wenn wir uns mit ihnen über ihre Lernfortschritte freuen, wenn wir uns gemeinsam mit Stillstand und Schwierigkeiten auseinandersetzen, wenn wir ermutigen und unterstützen.

Die Lernlandkarten Deutsch entstanden in Zusammenarbeit zwischen dem Schulverlag plus und der pädagogischen Hochschule FHNW (Institut Weiterbildung und Beratung und Zentrum Lesen).

n|w Fachhochschule Nordwestschweiz
Pädagogische Hochschule

Impressum

Edwin Achermann, Franziska Rutishauser

Lernlandkarte «Deutsch»
4. bis 6. Schuljahr

Lektorat: Christian Graf, Bern
Realisation: Katja Iten, Bern
Gestaltung und Satz: Magma – die Markengestalter, Bern
Illustration Wimmelbild: Konrad Beck, Luzern

Nicht in allen Fällen war es dem Verlag möglich, den Rechteinhaber ausfindig zu machen. Berechtigte Ansprüche werden im Rahmen der üblichen Vereinbarungen abgegolten.

Das Werk und seine Teile sind urheberrechtlich geschützt. Jede Verwendung in anderen als den gesetzlich zugelassenen Fällen bedarf der vorherigen schriftlichen Einwilligung des Verlags.

© 2016 Schulverlag plus AG
1. Auflage 2016

Art.-Nr. 88472
ISBN 978-3-292-00831-2